仕事で、個人で、目標を達成するための

カベの超え方

ヒット

スティーヴン・プレスフィールド 著
栗宇美帆 訳

Do The Work

〈凡例〉
・本文中の※は編集部補注とする。

DO THE WORK
by
Steven Pressfield

Copyright © 2011 Steven Pressfield
Japanese translation rights arranged with Steven Pressfield
c/o Black Irish Entertainment LLC through Tuttle-Mori Agency, Inc., Tokyo

Bookdesign
Yumiko Fujii

エリーへ

はじめに

　今あなたの目の前の道路に、本当に速い車が停まっています。バカバカしいほど高級で、見せびらかすために持つ金持ち好みのフェラーリのような車ではなく、まっとうな速い車、おそらくスバルのWRXあたりでしょうか。そして、ここに鍵もあります。さあ、ドライブに出掛けましょう。

　目の前の滑走路にプライベートジェット機が、行きたい所へあなたを乗せてすぐに飛び立つために待機しています。パイロットもいます。さあ、出発しましょう。

　あなたの手には、シカゴニューマチック0651のハンマーが握られています。それを使えばどのようなものにも釘を打ち込むことができます。お望みであれば何度でも。それを使うときが来ました。

　そして、目の前には世界中とつながっているキーボードがあります。誰にでもいつでも無料で発信できる出版プラットフォームもあります。平等に機会が与えられた場で勝負したいと思ったことはありませんか？　それが今ここにあるのです。さあ、後は行動するのみです。

　皆が待っています、あなたが行動することを、務めを果たすことを。

スティーヴン・プレスフィールド氏は、これまでにない意義深い本『やりとげる力』(筑摩書房刊/原題『The War of Art』)の著者です。この本は、人がなぜ行き詰まるのかを解き明かし、行動するよう活を入れてくれます。本書を読み終えたらすぐに、そちらも手にとってみることをお勧めします。

　本書でスティーヴンは、実践的に率直に、そして、読者に直接話しかけるように語っています。まずはとにかく読み進め、次はメモを取りながら読むとよいでしょう。もし、あなたの周囲に行き詰まっている人がいたら、その人たちの分も1冊用意し、行動できるよう背中を押してあげてください。

　さあ、急ぎましょう。

セス・ゴーディン[※]
2011年1月　ヘイスティングス・オン・ハドソンにて

※セス・ゴーディン　Seth Godin
アメリカの著作家、マーケティングコンサルタント。デジタルエイジにおける数々のマーケティング手法を提唱。代表作『「紫の牛」を売れ!』(ダイヤモンド社刊)は世界的なベストセラーを記録。

目次

014　本書について

017　ORIENTATION〜敵と味方

018　敵(カベ)となるもの
018　1. 抵抗(レジスタンス)とは？

　　　生まれやすい場面

　　　目に見えない

　　　狡猾である

　　　冷徹である

　　　間違わない

　　　誰をも悩ませる

　　　眠らない

　　　容赦がない

024　2. 合理的思考
025　3. 変化を望まない友人や家族

- 026　味方となるもの
- 026　　1．愚かであれ
- 028　　2．頑固になる
- 029　　3．信じつづける
- 030　　4．情熱
- 031　　5．サポート
- 032　　6．愛すべき友人や家族

035　BEGINNING〜第1幕

- 036　準備万端でなくても始めよう
- 038　制限療法
- 039　創造は原始的
- 040　ホームランを狙え
- 041　メンターとのランチ
- 043　三幕構成
- 043　　「最後の晩餐」の場合
- 044　　「寂しき4番街」の歌詞の場合
- 044　　ベトナム戦争戦没者慰霊碑の設計の場合
- 046　　フェイスブックの場合
- 047　ゆえに、それをリライト(書き直し)というⅠ
- 047　第3幕から始める
- 048　　「それはどのようなものか？」と考える

049 　アメリカ文学の名作『白鯨』を第3幕から
　　　　　　　第1幕に向かって組み立ててみる
051 　「思考」と「おしゃべり」
054 　さあ、ロック・ミュージックの始まりだ！

057　MIDDLE〜第2幕 Part.A

058 　宇宙は無関心ではない
060 　空白を埋めるⅠ
061 　準備をするときの注意
062 　脚本家の売り込み方
063 　カンヴァスを塗りつぶせ
065 　自己判断をすべていったんやめる
066 　極端であればあるほどよい
067 　アイデアは順番通りには来ない
069 　行動のプロセス
070 　創造と検討Ⅰ
073 　答えは常にイエス
074 　抵抗の対極にあるもの
077 　取り組みつづけるⅠ
078 　取り組みつづけるⅡ
078 　取り組みつづけるⅢ

079	創造と検討 II
081	空白を埋める II
083	壁(カベ)
096	地獄へようこそ
097	原理 1：敵は存在する
098	原理 2：この敵は容赦がない
100	原理 3：敵は自分の中にいる
101	原理 4：敵は自分の中にいるが、自分ではない
102	原理 5：「本当の自分」は「抵抗という自分」と闘わなければならない
103	原理 6：抵抗は 2 番目に現れる
107	原理 7：「抵抗」の真逆にあるのは「サポート」
109	抵抗からの 2 つの問い
	Q1
	Q2
112	更生室

115 MIDDLE～第2幕 Part.B

116	ビッグ・クラッシュ
118	脱落のベルを鳴らす？
120	クラッシュは悪くない

122 パニックも悪くない
124 振り出しに戻る
124 　1．自分と「問題」を切り離す
127 　2．問題ならば解決できる
129 『白鯨』でクラッシュが起きていたら
133 ゆえに、それをリライト(書き直し)というⅡ
134 脱出

137 END〜第3幕

138 鋼鉄の意志
139 ハムレットとマイケル・クライトン
141 成功への怖れ
142 「天国」と「天国についての本」
144 露出
148 1つだけ約束できること
150 この先も抵抗に気をつけて
151 おめでとう！
153 準備万端でなくても、また始めよう

「自己」という競技場に騎士とドラゴンが立っている。
騎士があなた、ドラゴンが抵抗(レジスタンス)である。

本書について

なにかのプロジェクト(本の執筆、バレエ音楽の作曲、新規事業、慈善事業など)を完遂するには、コンセプトづくりから完成までの全プロセスをやり遂げなければなりません。この本は、特に「抵抗(レジスタンス)」に重点を置き、コーチとしてそれをサポートすることを目的としています。

プロジェクト遂行までの道のりには、あらゆる抵抗が待ち受けていることは容易に想像できます。怖れ、自己妨害、先延ばし、自己不信、その他お馴染みのさまざまな悪魔に遭遇するに違いありません。

> 厳しさが必要なときは
> 厳しく対応せねばなりません。

> 優しく穏やかな方法が
> 求められるところでは、
> 手袋をはめて、そっと触れるかのように
> 対応することが必要です。

⚠ NOTE
本書のほとんどが、作家としての経験と知識に基づいています。ですから、演劇や小説、映画の構築や想像する場面を例として多く取り上げています。とはいえ、どのような分野であっても創造的な挑戦の土台となる原理原則は変わりません。その挑戦が健康づくりや失恋からの立ち直りなど、一見まるで異質なもののように見えても同じ原理原則が働きます。その挑戦が感情的、知的あるいは霊的目標を追うものであり、意識が低く自覚の少ない次元から高い次元へ移行することを目指している限り、どれも創造的な挑戦なのです。

オリエンテーション
ORIENTATION

敵と味方
（カベ）

敵 [カベ] となるもの

アーティストや起業家として仕事をする私たちの前には、次のような脅威が立ち並ぶことになります。

1. 抵抗（レジスタンス）：怖れ、自己不信、先延ばし、耽溺、注意力散漫、臆病、エゴ、自己陶酔、自己嫌悪、完璧主義など
2. 合理的思考
3. 変化を望まない友人や家族

1 抵抗(レジスタンス)とは？

このモンスターはいったいどのようなものなのでしょう？ 拙著『The War of Art』で説明した個所があるので、それを引用します。

◆生まれやすい場面

何をしているときに心の中に抵抗が生まれるのか、主なものを順不同で挙げてみました。

- ✦1 執筆、絵画、音楽、映画、ダンスなどの創造芸術のうち、主流でない、あるいは従来の型にはまらないものを天職として追求するとき
- ✦2 営利目的か非営利目的かに関わらず、ベンチャー企業や事業を起ち上げるとき

- ◆3 　食事療法あるいは健康療法
- ◆4 　精神的成長のためのプログラム
- ◆5 　割れた腹筋を手に入れるための運動
- ◆6 　身体に悪い習慣や中毒を断ち切るためのコースやプログラム
- ◆7 　あらゆる種類の教育
- ◆8 　政治的、道徳的あるいは倫理的に勇気ある行動。例えば自分の恥ずべき考え方や行動を改めると決断するとき
- ◆9 　他の人を助けるための事業や試みの着手
- ◆10 　本気の覚悟を伴う行動──結婚する、子どもをもつ、恋愛の厳しい局面に耐えるなどの決断
- ◆11 　不運に見舞われても信念に基づいた姿勢を保つとき

つまり「抵抗」とは、表面的な満足ではよしとせず、長い時間をかけて、成長や健やかさ、人としての高い志を得ようとするときに現われやすくなるものなのです。

　言い換えると、低い次元ではなく高い次元の意識から生まれる行動です。そうした行動はどれも抵抗を引き出してしまいます。

　では、抵抗にはどのような特徴があるのでしょうか？

◆**目に見えない**

　抵抗は見ることも聞くことも触れることもできないし、匂いもありません。がしかし、感じることはできます。これから取り組もうとしている天職やプロジェクトから放射される「エネルギーの場」として感じることができます。

抵抗とは反発する力であり否定的な力です。
私たちを押しのけ、注意をそらし、
　　　行動させまいとします。

◆**狡猾である**

　抵抗は私たちが本気で取り組むことを阻むために、ありとあらゆることを語りかけてきます。偽証し、ねつ造し、真実をゆがめ、誘惑し、傷つけ、甘言でだまそうとします。また、変幻自在で、私たちを惑わすためなら、どのような形にもなります。

抵抗は弁護士のように説得しようとし、
　　　　追いはぎのように
拳銃を目の前に突き付けてきます。

抵抗には良心がありません。取引を都合よく進めるためにならなんでも約束しますが、こちらが背中を向けた途端に裏切ります。その言葉を真に受けてしまったら、どのような結果になっても文句は言えません。

抵抗はいつも嘘つきで、
口にするのは、でたらめばかりなのです。

◆冷徹である

抵抗は個人に関心を持ちません。相手が誰であるか知らないし、気にもかけません。それは自然の力です。そして、その行動は常に客観的です。

悪意があるように感じられても、
実際には抵抗は、雨のように
無関心に動き、星と同じ法則に従って
空を横切っているだけです。
自分の中の力を結集させて
抵抗と闘うとき、
このことを忘れてはいけません。

◆ **間違わない**

　磁化した針を油に浮かべると必ず真北を指すように、抵抗も必ず真北、つまり私たちに最もさせたくない天職や行動を指し示します。

この性質を利用しましょう。
抵抗はコンパスになります。

　私たちがなにをおいても取り組むべき天職や目的へと、敵に案内させるのです。

使い方の目安：
なんらかの職業や行動が
魂の成長に重要であればあるほど、
それをすることに対し抵抗を感じます。

◆ **誰をも悩ませる**

　抵抗に悩まされているのが自分だけだと思ったら間違いです。肉体を持っていれば誰もが苦しめられています。

◆**眠らない**

　俳優のヘンリー・フォンダは75歳になっても、ステージに立つ前には毎回体調を崩していたそうです。

　　つまり怖れは決して消えることはないということです。戦士もアーティストも、日々新しい闘いに挑まねばならないという同じ必然の規則に従って生きています。

◆**容赦がない**

　その目的は傷つけたり、能力を奪うことではありません。

　　　　抵抗の目的は命を奪うことです。

　対象となるのは私たちが存在する意義そのもの。つまりそれを発揮するために私たちが地上に遣わされた、他の誰も持っていない才能、魂、かけがえのない天性の能力です。抵抗は本気で襲いかかってきます。

　ですから、抵抗との闘いは命懸けなのです。

2 合理的思考

　アーティストや起業家にとって、抵抗の次にやっかいな敵となるのは合理的な考え方です。

　合理的思考を採用すると悪いことが起きます。なぜなら、それはエゴから生まれるからです。

しかし、天命を果たしたいという望みは、エゴではなく、その人の本質的な部分から来るもので、潜在意識を源とし直感や感覚として生まれます。

　ホメロスの書いた古代ギリシャ文学の古典『イリアス』と『オデュッセイア』は、どちらも芸術の女神ミューズへの祈りの言葉で始まります。この偉大な詩人は、才能は過ちを犯す人間という存在である自分の内にあるのではなく、彼が命令することもコントロールすることもできない、ただ助けを乞うことしかできない源からくるものと理解していました。

　あるアーティストの言葉に「この混沌を信頼しなさい」というも

のがありますが、物事を自分でコントロールしなければならないという考えを手放し（いずれにせよ私たちにはコントロールすることはできません）、その代わりにその「源」「未知なるもの」「量子のスープ」を信頼しなさいという意味です。

　源のある場所が深ければ深いほど、私たちの資質はより優れたものになり、より大きな影響力をもちます。

3 変化を望まない友人や家族

　友人や家族について問題となるのは、今の私たちを知っているという点です。彼らは私たちが変わらないように手を尽くします。

> ところが私たちが最も望まないことは、このまま変わらずにいることです。

　本書を読んでいるということは、あなたは自分の中にもう一人の自分、空っぽの自分がいるのを感じているのではないでしょうか？　そうではない人もいるでしょうが（彼らに神の祝福がありますように）、この表現されていないあなた、まだ生まれていない自己、未来の自分にとって、変化を望まない友人や家族は敵となります。

新しい友人をつくる覚悟をしましょう。
信じてください。彼らはきっと現れます。

味方となるもの

居並ぶ敵の話はこれぐらいにして、味方陣営の面々を見てみましょう。

1 愚かさ
2 頑固さ
3 信じつづけること
4 情熱
5 サポート（抵抗の対極）
6 愛すべき友人や家族

1 愚かであれ

私が思いつくかぎりで最も愚かな3人は、チャールズ・リンドバーグ、スティーヴ・ジョブズ、ウィンストン・チャーチルです。なぜかって？　彼らが賢い人間だったのなら、自分に課した任務がどれほど困難なことかがわかり、始める前にやめていたはずだからです。無知と傲慢さはアーティストや起業家にとって欠かせない味方になります。自分の事業の未来がいかに厳しいものであるかがわからな

いほど無知で、うまくやり遂げられると疑わないほど傲慢であることが必要だからです。

この心境にどうしたら到達できるでしょうか？　それには、まず愚かでありつづけることです。

> 子どもは信じられないことを
> やすやすと信じます。
> 天才と狂人も同様です。
>
> 頭でっかちで気が小さく、
> 疑い考えすぎて、
> 尻込みするのは私たちだけです。

頭で考えすぎるより前に行動しましょう。

行動した後でも、やり直したり、考え直すことは、いつでもできます。しかし、行動しないかぎりは、なにも達成できません。

2 頑固になる

いったん行動すると決めたなら、
一番してはいけないのは止まることです。

　私たちが止まってしまうのを阻止してくれるものはなんでしょう？　それは頑固さです。

　私は頑(かたくな)であることを好みます。「不屈」や「忍耐」のような高尚なところがないためです。頑固であるために英雄になる必要はありません。頑固さに周囲がうんざりしようと構うことはありません。

　頑固な人間には、やめるという選択肢がありません。利己的で強情で偏屈です。

頑固な人は最後までやり遂げます。
頑固であることとは、躾のできていない犬を
抵抗にけしかけるようなものです。
噛みついたら、どれほど強く
蹴飛ばされても放しません。

3 信じつづける

創造性にスピリチュアルな要素はあるのでしょうか？　もちろんあります。

> 欠くことのできない最強の味方は、見えないもの、聞こえないもの、触れることも味わうことも感じることもできない存在への確信です。

抵抗はこの確信を揺るがそうとします。破壊しようとします。

パトリシア・ライアン・マドソン女史（スタンフォード大学の名誉教授。20年間、即興演劇を教え、クラスは毎回満席）は、その優れた著書『スタンフォード・インプロバイザー　一歩を踏みだすための実践スキル』（東洋経済新聞社刊）の中で、次のような演習を紹介しています。

まず蓋付きの箱を想像します。その箱を手にとり、蓋を開けてください。

中になにが入っていますか？

カエル、シルクのスカーフ、それともペルシア帝国の金貨でしょうか？　この演習のポイントは、何度この箱を開けても必ず中になにかが入っている、という点です。

　なにを信じているかと聞かれたら、私はこう答えます。

箱の中に必ずなにか入っていると、
揺るぎなく信じています。

4 情熱

　ピカソは絵を描くことに、モーツァルトは作曲に、情熱を注ぎました。子どもは1日中、情熱的に遊びます。

自分は情熱を失ってしまった、
　あるいは自分の情熱の対象がわからないと
　　思っている人もいるかもしれません。

　　　　　または情熱がありすぎて
　　　　自分を見失ってしまいそうな
　　　脅威を感じている人もいるでしょう。

　　　　　　どれも間違いです。

怖れは情熱を奪います。

　怖れに打ち勝つと、情熱の井戸は無限で無尽蔵で枯れることがないということがわかります。

5 サポート

　この項目は、後で取り上げます。「抵抗」は影であり、その対極にあるサポートは太陽の光だということ、今はこれだけで十分です。

6 愛すべき友人や家族

技術もひらめきも成功も名声もお金も、手にしたものが去っていってしまったとき、それでも私たちを愛してくれるのは誰でしょう? そして、私たちが愛するのは誰でしょう?

> 私たちが死んだ後でも残るものは2つだけ。
> 生まれもった才能と
> 愛する人たちです。

つまり「なにをなすか?」「誰のためにそれをするか?」ということです。

もう説明は十分でしょう。次からはいよいよあなたのプロジェクト——小説、新しい事業、慈善活動に取りかかります。

最初の質問です。

あなたは物事をいつ始めるのがベストだと思いますか?

第 1 幕

BEGINNING

準備万端でなくても始めよう

　入念な準備（リサーチや下調べなど）はいりません。とにかく始めましょう。

　　　　　　　　思い出してください。
　　私たちの敵は準備不足ではありません。
　　　　　　　プロジェクトの難しさでも
市況でも空っぽの銀行口座でもありません。

　敵は抵抗です。

敵は私たち自身の「おしゃべり」な脳です。
　　脳はしなければならないとわかっている
　　　ことをできない、するべきでない、
　　　したくないと思わせるための言い訳、
　　　　口実、見え透いた自己弁護、
　　　　そして、無数の理由を、
10億分の1秒もあればつくり始めます。

準備が十分整っていなくても始めましょう。

そのような状態で始めることには良い効果があります。例えば、度胸がすわる、血が沸き立つ、勇気が勇気を呼ぶ、などです。大胆な振る舞いを目の当たりにし、神々は私たちを認めてくれるでしょう。探検家ウィリアム・H・マレーは次のように言いました。

心を決めるまでは人は躊躇したり後戻りしがちで、必ず無力感を感じます。なにかを始める（そして、創造する）行動には必ずある本質的な心理が存在し、それを知らないことで消えていく優れたアイデアや計画は数知れません。その真理とは、人が本当に決めるとその瞬間に天意も動く、ということです。決断すると、その人にとって望ましい、ありとあらゆる種類の予期せぬ出来事や出会いが起き、流れができ、そして、夢にも思わなかった物質的なサポートがもたらされるようになります。私が大切にしているゲーテの一節があります。

「できること、あるいはできたらいいのにと夢見ていることはなんでも実行しなさい。大胆さには、才能と力と魔法が隠れている」

さあ、今すぐ始めましょう。

制限療法

「どうか始める前にリサーチや下調べをさせてほしい」と思ったりしていませんか？　いけません。そんな人には制限療法を施しましょう。

取り組む題材に関係する本を
3冊だけ読むのを許可します。
ただし、それだけです。

アンダーラインを引くことも、マーカーを引くことも、後でその本について考えたり話したりすることも禁物です。アイデアは濾過され消えていくがままにします。

潜在意識に仕事をさせるのです。

リサーチや下調べをすることは抵抗になりかねません。私たちはプロジェクトに取り組みたいのであって、その準備をしたいわけではありませんよね？（本格的なリサーチや下調べは後でたっぷり行います。後でです。今ではなく）。

さて、プロジェクトを開始するにあたり、次の2つの項（「創造は原始的」「ホームランを狙え」）を意識することが大切です。

創造は原始的

創造的な行動とは原始的なものです。その原理は出産や宇宙の起源と同じです。

> 生命は血と混沌の中で生まれ、
> 星々や銀河は宇宙の起源の大変動の中で
> 発現するものです。

受胎は原始レベルの出来事です。本書の中で私は洗練よりも原始的なほうがよい、そして、賢いよりも愚かなほうがよいと強調していますが、決してふざけているわけではありません。

> どれほど教養のある母親でも、
> 汗をかき混乱し、ところ構わずに
> 悪態をつきながら出産するものです。

アーティストや革新的な取り組みに携わる人が身を置くのはそうした世界です。そこで居心地がよいと感じるようにならなければいけません。

病院の部屋は染み1つなく
無菌かもしれませんが、
生命はいつでも混沌と痛みと
血の中で誕生します。

ホームランを狙え

　私の最初の仕事はニューヨークでの広告の仕事でした。上司に案を見せに行くといつも、アイデアのスケールが小さすぎると、ひどく怒られたものでした。

「これではまるで切手じゃないか！
これ以上小さくなったら
電子顕微鏡が必要だ！
とっとと作業場に戻って
もっと大きなアイデアを考えてこい！」

もし大きなことに取り組みたいのなら、小さく仕事をしてはいけません。たとえ空振り三振になったとしてもホームランを狙ったスイングのほうが、成功率の高いバントやシングルヒットのライナーよりましです。

　力いっぱいプレーすることから始めましょう。力の入れ具合は後からいつでも調整できます。初めからホームランを放つつもりでバットを振らなければ、直球をスタンドの最上階へ叩き込むことはできません。

メンターとのランチ

　数年前にマンハッタンにあるジョー・アレンというレンストランで、私がメンター（※師匠の意。彼はそう呼ばれることを嫌いますが）と仰ぐ作家でドキュメンタリー作品を制作するノーマン・スタールと共にランチをとりました。彼は黄色の紙を使ったリーガルサイズ（約22cm×36cm）のレポート用紙にメモをとっていました。彼の言葉はその後、数え切れないほど何度も私を救うことになります。

スティーヴン、神は1つの小説の概要がぴったり収まる長さに、このレポート用紙をお作りになったのだ。

ノーマンはなにを言わんとしているのでしょう?

それは、考えすぎるな、ということです。「準備しすぎてはいけない。そうすることが抵抗にならないようにしなさい。あなたの本に登場するすべての人物の感情のパターンや生い立ちを、事細かに1,000ページにもわたって書くことに6カ月も費やさなくともよい」のだと。

まずは概要を考えることから始めます。ここでは直感に従いましょう。

小説のストーリー、新しいビジネス、慈善事業、なんであろうと1ページに要約する訓練をしてください。

簡単かって? とんでもありません。

というわけで、次に概要を書くためのコツを教えましょう。

三幕構成

まずレポート用紙1枚の内容を、「第1幕」「第2幕」「第3幕」の3つに分けます。

これは映画や演劇の脚本家が使う「三幕構成」という手法で、それぞれを「序盤（設定）」「中盤（対立）」「終盤（解決）」（※括弧内は、三幕構成というモデルにおいて一般的だとされている各幕が担う役割）に置き換えて考えることができます。

「最後の晩餐」の場合

レオナルド・ダ・ヴィンチの「最後の晩餐」の全三幕を1枚のレポート用紙上にまとめるとこうなります。

- **第1幕** カンヴァスの幅いっぱいに伸びるテーブル
- **第2幕** イエス・キリストが中央に座り、使徒たちがその左右にさまざまな姿勢で並ぶ
- **第3幕** 遠近法を使用すると共に背景の色を奥へ行くほど薄くする

ダ・ヴィンチに最初に必要なものはこれだけです。これ以上は概要ではなく詳細になります。

「寂しき4番街」の歌詞の場合

ボブ・ディランのヒット曲なら、次のようになります。

> ✦ **第1幕** 「お前はずうずうしくなったもんだ。俺と友人だと言えるなんて」
> ✦ **第2幕** 「お見通しなんだ。お前が見たいのは俺が面食らうところだっていうのは」
> ✦ **第3幕** 「お前に会うことがどれだけうんざりかわかるだろう」

ベトナム戦争戦没者慰霊碑の設計の場合

建築家マヤ・リンの設計図は次のようにまとめることができるでしょう。

> ✦ **第1幕** 亡くなった日の順で戦死者の名前が刻まれた壁型のモニュメント
> ✦ **第2幕** それをV字型の形状に地下を掘り下げて作り、片端は浅く、反対側に向かうにつれ次第に深くなるようにデザインする
> ✦ **第3幕** 訪れた人は下りながらモニュメントを見る。刻まれた名前に触れたり、愛情や敬意を表す記念品を台座に置くために、自由に近づくことができる。

コンセプトづくりの段階では、このモニュメントを設計したアーティストのマヤ・リンは直感に従って仕事をしています。なにを道しるべにしているのでしょう？

彼女の愛は
なにに注がれていたのでしょうか？

　これが自分の本当に望むビジョンなのだろうか？　その実現のために、この先10年を捧げることになってもよいと思うほど、自分の中にそのビジョンへの確信があるのだろうか？

　最初にマヤ・リンが答えるべき問いはこれだけでした。

　設計案を理性的に分析したか？　もちろんそれもしたでしょう。ネガティブスペースの効果と、残した構造部の作用についての検討は？　当然したはずです。来訪者の感情を動かすのは自分の設計のどの部分なのか？　また、その理由についての、感覚ではなく知見による評価は？　必ず行っていたと思います。

　こうしたことも確かに大切ではありますが、最初は重要ではないのです。分析は後の芸術史家に任せましょう。

自分のアイデアに愛を感じますか？

そのアイデアに直感的な確信がありますか？

アイデア実現のために
心血を注ぐことができますか？

フェイスブックの場合

SNSのフェイスブックなら、こんな感じでしょうか。

> - ✦第1幕　望めば誰でも自由に自分の個人「ページ」を作ることができるデジタルなシェアスペース
> - ✦第2幕　各ページの所有者は自分のページにアクセスできる人を自分で決めることができる
> - ✦第3幕　世界に広がる「友だち（フレンド）」コミュニティの創造。「友だち」同士で交流し、望むものをなんでもバーチャルに伝えたり共有することができる。

ゆえに、それをリライト（書き直し）という Ⅰ

「書き下ろしというものは存在しない、あるのはリライト（書き直し）だけだ」という言葉があります。まさにその通りです。

例えば、作曲家ならバレエ音楽を1つも書かないよりは、ひどい代物であったとしても1曲でも書くほうがマシです。

とにかくアイデアを紙に書きましょう。手直しは後からいくらでもできるのですから。

そうなると、今度はどのように書くかが問題になります。

第3幕から始める

映画の脚本家が使う手法を紹介しましょう。エンディングのほうから書き始めるという、逆算して考える手法です。

例えば、映画の脚本なら、まずどのようなクライマックスかを決めます。レストランを開業しようとしているのなら、お客がそのレストランにやってきて料理を味わうときに感じてほしいことを最初に考えます。誰かを口説こうとしているのなら、口説くことによって恋する相手にどのような心持ちになってほしいかを決めるのです。

どうなりたいかを明確にし、
そこから逆算して考えましょう。

わかります。「そうは言っても、どうなりたいかはどうしたら見えてくるのか？」と言いたくなりますよね。

「それはどのようなものか？」と考える

テーマから考えましょう。そのプロジェクトはどのようなものですか？

エッフェル塔やスペースシャトルとは
どのようなものなのか？
ミロの「階段を降りる裸婦」の絵は
なにを伝えようとしているのか？

自分の作る映画、アルバム、新規事業などは、どのようなものなのか？　それがわかると、最後にどうなりたいかが見えてきます。最後がわかると、そこに至るまでに、どのようなステップが必要かが把握できるのです。

アメリカ文学の名作『白鯨』を
第3幕から第1幕に向かって組み立ててみる

　レポートには以下のように書かれるはずです。

『白鯨』のテーマはなにか？

　この小説は、人間の意志と自然という存在がもつ本質的な悪意、例えば（著者メルヴィルの生きていた19世紀の悲観的な見解によれば）旧約聖書の神のような存在との対立を描く。

　そこで怪物が登場。クジラ、とりわけ白い鯨（なぜなら白鯨は普通の色のクジラよりも不気味で恐ろしげだから）だ。

　次に、怪物に挑戦する人間。彼自身も怪物のような存在でなければならない。強迫観念を持った横柄で偏執的な人物。エイハブ。

　テーマ（すなわち、なにについて書くか）がわかると、クライマックスが見えてきます。エイハブが白い鯨に銛を打ち込み、闘いで命を落とす。それ以外のクライマックスは考えられません。

　これで第3幕目の出来上がり。エンディングがかたまりました。

　今度は第1幕と第2幕です。見せ場を設定し、感情の最高潮の高まりとテーマのインパクトを盛り込む必要があります。

主人公とライバルの両方を作り上げたら、テーマに沿って人間（と神）のあり様という大きな図式で見たときに、それぞれがなんの象徴であり、両者の対立がなにを意味しているのかが、読者に明確に伝わるようにしなければなりません。

　物語はイシュメールで始まります。彼は読者の視点でストーリーを眺めます。人間の尺度で見た悲劇の物語の証言者としての役割を果たします。

　イシュメールを生み出したことで物語のオープニングが見え、そして、エンディング——白鯨が乗組員全員と共にピークォド号を破壊し、エイハブを海中へと引きずり込んで死に至らしめる——というシーンも浮かんできます。イシュメールは船の残骸の中から唯一の生存者として現れ、この物語を伝える存在となるのです。

第３幕を最初に、
その後で、第１幕と第２幕を考えましょう。
新規事業でも、
トライアスロンの試合で勝つための計画でも、
バレエ音楽の作曲においても、
それは同じです。

「ちょっと待って、スティーヴン。頭で考えるなと、あなたは言ったはず……」

では、いったん止まって、私が「頭で考えるな」と言うときの「考える」という言葉がなにを意味するのかを見ていきましょう。

「思考」と「おしゃべり」

瞑想をしたことがありますか？ それならば、意識を客観的視点に変え、思考が頭の中のスクリーンに現れては流れ去り、次々と別の思考が現れるのを観察するという感覚に覚えがあるでしょう。

それらは「思考」ではありません。
「おしゃべり」です。

私は30歳まで本当の思考をしたことがありませんでした。それまで思考だと思っていたものはすべて、仏教で「心猿」といわれる心のおしゃべりか、両親や先生が言ったことやニュースや本で見聞きしたこと、世間の人々が話していたことを、それがなんであれ反射的にオウム返しにしているかのどちらかでした。

本書の中で私が「頭で考えるな」と表現するとき、それは「おしゃべりに耳を貸すな」ということを意味しています。頭の中のスクリー

ンに浮かぶ、そうしたとりとめのない支離滅裂なイメージや意見には注意を向けないようにしましょう。

それらは あ゛な゛た゛の「思考」ではありません。
それらは「おしゃべり」です。
そして、それらは抵抗なのです。

　おしゃべりは母親や父親が善かれと思って発する警告で、子どもが傷つくことから守ろうとするためのものです。また、教師が生徒に社会性を身につけさせようとする、これもやはり善かれと思っての行いであり、生徒が規則に従って生きていけるようになることを目的としています。仲間同士のありきたりの会話でもあり、輪から飛び出さないようお互いを暗黙の規則に従わせる目的もあります。

おしゃべりは抵抗です。

　抵抗の目的は、「そういうものなのだ」とあなたを諦めさせ、周囲から浮かないように、社会的秩序や規律を受け入れるようにすることです。

では、私たちのもともとの独自の思考は
どこから生まれるのでしょうか？

どうしたらその思考と
つながることができるのでしょうか？

本当の自分はどのような源から
発信しているのでしょうか？

これは一生をかけて解く問題なのかもしれません。

さあ、ロック・ミュージックの始まりだ!

　コンセプトもできあがりました。テーマも決まりました。オープニングも、どんなエンディングにしたいかも見えています。プロジェクトの全三幕を1枚の紙面にも書き上げました。

　いよいよです。でも、3つの教訓を覚えていれば大丈夫。

> 1 創造は原始的である
> 2 混沌を信頼しよう
> 3 ホームランを狙ってバットを振ろう

　そして、次が最後の教訓です。

> 4 抵抗に備えよう

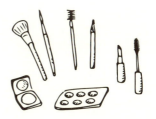

第 2 幕

Part.A

MIDDLE

宇宙は無関心ではない

　私は共産主義を非難します。ファシズムを非難します。精神療法を非難します。19世紀後半から20世紀前半にかけての大衆文化と、工業化と人間性喪失の時代に発達した多くの善意のイデオロギーは、どれも同じ1つの幻想を前提としています。人間はもともと完全な存在であり、それゆえ悪に打ち勝つことができると口を揃えて説いているのです。

でも、それは不可能です。

　芸術でも商業でも科学でも愛でも、なにかを創造しようとするとき、あるいはより次元の高い崇高な自分に進化しようとするとき、同じ強度で逆向きの反応が必ず吹き出す、というのが宇宙の摂理です。

　この反応が抵抗です。抵抗は行動的で知的、変幻自在の悪意ある力で、疲れ知らずで無慈悲で、消し去ることができません。その唯一の目的は私たちが最高の自分になることを阻み、より高い目標を達成するのを止めることです。

宇宙は無関心ではありません。
むしろ敵対心旺盛です。

これまでこの本で取り上げてきた原理はどれも、この真理に基づいています。これまで述べた原則はどれも、抵抗の裏をかき、出し抜き、一杯食わせるためのものです。

抵抗を取り除くことはできません。
抵抗は決して消えることはありません。

しかし、その裏をかき、
抵抗と同じぐらい
強力な味方を集めることは可能です。

　なにがあっても、してはいけないことが1つあります。それは抵抗を軽くみること、過小評価すること、あるいは考慮に入れないことです。

　映画「エイリアン」でクリーチャーに対するシガニー・ウィーバーのように、あるいはドラゴンに立ち向かう聖ジョージのように、私たちも抵抗に敬意を払わなければいけません。

空白を埋める Ⅰ

1枚のレポート用紙上に、基本のビートが刻まれました。次はなにをしたらいいのでしょうか？

空白を埋めていきましょう。

映画監督のデヴィッド・リーンが、長編映画は大きく7〜8つのシークエンス（シーンが集まってできている物語の一つの流れ）があることが望ましい、と語ったことは有名です。これは演劇やアルバム、大統領の一般教書演説でも、作成する上で非常に優れた指針となります。

ビデオゲームには主要動作が7〜8個あるとよく、最新のハイテク機器、つまり最新の戦闘機についても同様のことが言えます。また最近の家には大きく7〜8個の空間があります。サッカーやプロボクシング、テニスの試合を面白くしようとするなら、優勢サイドが大きく変わる展開が7〜8回あるとよいでしょう。

今の私たちにもこれが必要です。面白く学べるシーン、シークエンス、空間で空白を埋める必要があります。

準備をするときの注意

準備に取り掛かるときがきました。
ただし制限は守ってください。

遅かれ早かれリサーチや下調べは必要です。でも、作業中の手を止めないこと。作業が一番はかどる時間を使ってはいけません。

リサーチや下調べは楽しいかもしれません。
魅惑的かもしれません。
つまりそれは危険だということです。
その過程は必要であり、大切です。
しかし、それが抵抗になる
ということを忘れてはいけません。

空白を埋めるために必要なものを吸収しましょう。ただし本来の作業をしている手を止めてはいけません。

脚本家の売り込み方

映画の脚本家が作品を売り込むときは、簡潔さを失わないよう心がけます。映画会社の重役の関心が長くは続かないからです。脚本家としてはプレゼンテーションが最大の効果を発揮し、頭の中に描いている映画の雰囲気や特色が簡潔に伝わってほしいと考えます。

そこで彼らはプレゼンテーションを次のような形に落とし込む手法を使います。

> ✦**第1幕**　インパクトの強いオープニングシーン
> ✦**第2幕**　2つ（A・B）の大きな仕掛け
> ✦**第3幕**　インパクトの強いクライマックスと、テーマについての簡潔なまとめ

これらで彼らは空白を埋めていきます。ロックならメインビートにあたります。

この手法を私たちも応用することができます。

例えば、ツイッターというウェブサービスの場合なら、基本のビートにあたるのが「いまどうしてる？」という投稿部分、140文字の制限、「フォロー」の仕組みです。そして、それらの隙間を埋めるのがメインビートにあたるハッシュタグ、短縮URL、リツイートになります。

映画「ハングオーバー」の脚本を書くなら、ダグの失踪、ダグの捜索、ダグの発見から始めます。空白を埋めるのは、ステュとストリッパーの結婚、自分のトラを探しに来るマイク・タイソン、ミスター・チャウの来襲、といったエピソードです。

すべてのプロジェクトや事業は、
三幕構成に置き換えることができます。
その中身となるメインビートをつくったなら、
今度はビートとビートの間を埋めていきます。

デヴィッド・リーンの言う8つのシークエンスができあがったら、あとに残るのは1つ——実際の作業です。

カンヴァスを塗りつぶせ

本格的な作業の最初の下書きに
とりかかる際のルールは1つ、
できるだけ早く終わらせること、です。

質は気にしなくて構いません。ただ創造するのみ、検討しては（振り返っては）いけません。勢いがすべてです。

悪魔に追いかけられ、
三叉(みつまた)の武器で後ろより
つつかれることから逃れるかのように、
第3幕まで突っ走ってください。

　悪魔が追いかけているのは確かです。

　アラスカのノーム州に住むイヌイットのもとへ血清を届ける犬ぞりのように。幌馬車でオレゴン街道を走破するように。作品の1稿目をオープニングからエンディングまで、できるだけ早く完成させましょう。

止まらない。
下を見ない。
頭で考え過ぎない。

自己判断をすべていったんやめる

ヨットやタージマハルを造るような大プロジェクトでない限り、好きなだけ失敗できるフリーパスがあなたには与えられています。

自分の中の批評家？
そんなものは放っておきましょう。

怖れや自己検閲を手放して出発してください。頭の中にそれらの声が聞こえても、聞き流しましょう。

この下書きは
採点されるわけではありません。
抜き打ちテストもありません。

最初の下書き作りで大切なただ1つのことは、やり遂げること。不完全でも、不備があっても、構わないのです。

自分で自分を判断してはいけません。

極端であればあるほどよい

友人のポールは刑事モノの小説を書いています。これまで彼はこの作品ほどの意欲をもって書いたことがなく、不安になっています。「ストーリーが暗くなっていくんだ。ゆがんだ、不気味な暗さだ。あまりに暗くて自分で怖くなるよ」と彼は言います。

ポールはその加速する暗さに手加減を加えるべきかどうかで悩んでいます。その作品の邪悪さが深くなりすぎて、ダース・ベイダーでさえ触れたくない代物になるのではと心配なのです。

でも、手加減など論外です。

暗ければ暗いほどよいのです。そのようなストーリーが彼の頭に浮かんだのなら。

自己判断をやめるというのは、頭の中の「お前は未熟だ」という声を聞かないというだけではありません。今まで抱いていた、こうあるべき、こうなるはずという期待から自分を解放することでもあります。

愚かであり続けましょう。
　型にはまらない、
クレイジーな心に従うのです。

　もし、この本に書かれているどの教訓にも賛成できないのであれば、「うるさい、消えろ」と言ってもらっても構いません。とにかく自分の心の声に従ってください。

アイデアは順番通りには来ない

　コンセプトを「第1幕」「第2幕」「第3幕」に要約したのを覚えていますか？　合理的思考はこの順番を守って私たちに仕事をさせようとします。

　でも、それは間違いです。

アイデアは独自の論理に従って
やってきます。
その論理は合理的ではありません。

順番通りに
第2幕についてのアイデアが第3幕の前に
やってくるかもしれません。
でも、第3幕のアイデアを第1幕より先に
思いつくかもしれないのです。

そういうものだと思っておきましょう。
それを拒んではいけません。

　ポケットサイズのレコーダーを持っていますか？　私はそれを常に持ち歩き（はぎ取り式のメモ用紙でも構いません）、アイデアが降りてきた瞬間に録音します。そうしなければ忘れてしまうからです。おそらくほとんどの人がそうでしょう。

レコーダーの電源を入れて、
すっかり忘れていた自分の素晴らしい
アイデアを話す自分の声を聞くほど
楽しいものはありません。

行動のプロセス

執筆、作曲、発想などの実際のプロセスについて話しましょう。

それは創造と検討という2つの行程で進んで行きます。

創造し、検討し、創造し、検討する。

決して両方を同時には行いません。

創造と検討 I

作家の場合、「創造」の定義とは執筆することです。

「検討」は、それを推敲することを意味します。

最初の下書き段階では、推敲するよりも執筆することが重要です。

> 解き放ちましょう。ためらわないで。
> 空白に向かって飛び立ち、
> 風の吹くままに
> 舞い上がってください。

「混沌を信頼しよう」というときの混沌とは、芸術の女神ミューズや、潜在意識、あるいは「量子のスープ」と呼ばれる高次のエネルギー状態のことで、創造の源と言えるものです。しかし、どれも私たちが認知したり、思い通りに動かすことはできません。船乗りは、風（すなわち視覚で捉えることができない、見ることもコントロールもできないもの）が吹いて、船の動力になってくれると信じて帆を揚げます。

私たちも自分の帆を揚げてアイデアをつかむのです。

「愚かでありつづける」というのは、自己検閲しない、自己不信に陥らない、自己判断を許さない、という意味です。

合理的思考は忘れましょう。
とにかく遊びましょう。
子どものように遊びましょう。

なぜこの全く直感的で感覚的な方法がうまくいくのでしょう？ それはアイデア（歌、バレエ音楽、メキシコ風のアメリカ料理「テクスメクス」を出す新しいレストラン）のほうが私たちよりも分かっているからです。

私たちがしなくてはいけないのは
アイデアをコントロールすることではなく、
アイデアがどのようなものか
（そして、どうなりたいのか）を
明確にし、それを形にすることです。

これからあなたが作る曲は、実は潜在的にすでに存在しています。私たちの仕事はそれを見つけだすことです。頭の中でその曲が聞こえませんか？　遠くのラジオ塔から届く信号のように。

するべきは
その周波数に
ラジオを合わせることです。

『ボブ・ディラン自伝』(ソフトバンククリエイティブ刊）を読んだことがありますか？　1つの曲（あるいは編曲、または制作パートナー）を見つけだすのにディランがどれだけの労力をつぎ込むかは正気の沙汰ではありません。

　彼はそれをすべて直感で行います。怖れのない、子どものような、原始的な直感を使って。

答えは常にイエス

1つのアイデアが頭に浮かぶと「だめだ、非常識すぎる」と考えてしまいます。

それこそが
欲しいアイデアなのに。

「こんな意見は突飛すぎる……こんなことに時間を使って取り組むべきなのだろうか?」という考えが浮かんだら、

答えはイエスです。

混沌を疑ってはいけません。ノーと言ってはいけません。

答えは常にイエスです。

抵抗の対極にあるもの

　少し前に、「宇宙は無関心ではない。むしろ敵対心旺盛だ」と言いました。これは真実です。

　しかし、自然界のあらゆる法則の裏には、同じ大きさで逆向きの力が発生するという反作用の法則があります。

宇宙は親切心旺盛でもあるのです。

そのことを、この段階で感じるはずです。

追い風を感じるはずです。

　抵抗に対峙し得るものはサポートです。

プロジェクトが動き出すと独自の
エネルギー場が生まれます。

アーティストあるいは起業家であるあなたは、
その仕事に愛を注ぎます。
情熱と意志、そして、希望で満たします。

それが強い魔力になり、
宇宙はそれに応えるのです。
その点で宇宙に選択肢はありません。

　動き出したプロジェクトは意志や注意を向けることで重力場をつくり出します。このエネルギーの場はその軌道に同じように活発な存在を引き寄せます。

　活発な存在とはなんでしょうか？

アイデアです。

初めは断片でしかなかった歌から、気づくとオペラの半分ができあがっている。うち捨てられた公園を復活させるという突飛なアイデアから始まったにもかかわらず、今ではその公園は奇麗に掃除され、四六時中誰かがその活動について、自発的にツイートや電話をしてくれるようになっている。こんな風に、1人の意志とビジョンを起点とする活動が個人を離れ、それ自体が生命と勢いを得るようになるのです。

　無関心ではない宇宙が抵抗に反撃するために介入し、抵抗に対抗する力を貸してくれた結果です。

自然界からのサポートは、
創造性を表現する普遍的で不変の力です。

その役割は、
ビッグバンが、潜在的な存在だった宇宙を
実在に変えたときからずっと、
夢を現実に変えることなのです。

取り組みつづける Ⅰ

スティーヴン・キングは仕事を毎日すると話していました。独立記念日にも、誕生日にもクリスマスにも。

私もそうした働き方が好きです。特に今の私たちがいる段階、セス・ゴーディンがいうところの「向かい風の中を進む」時期（非常にイメージしやすい言葉です）は、勢いがすべてです。とにかく課題をこなし続けましょう。

毎日どのぐらいの時間を費やせますか？

作業中は部屋のドアを閉め、家族以外は、あるいは第3次世界大戦が勃発した場合以外は、何ぴとたりとも中に入れないようにします。

学びつづけましょう。

仕事をつづけましょう。

行動を起こしつづけましょう。

取り組みつづける II

　火曜日に書いたものを水曜日に読み返すと「こんな作品はゴミだ。我慢ならない。自分が嫌になる」と思うことがあります。ところが、木曜日に全く同じ部分を読んでみると、驚くべきことに、一晩でそれが今度は素晴らしい文章に見えることがあります。

　ひとりよがりな否定は無視しましょう。ひとりよがりな肯定も無視しましょう。どちらも抵抗です。ですから、

原稿を書きつづけましょう。

取り組みつづける III

言い忘れたでしょうか？

前に進みつづけましょう。

創造と検討 Ⅱ

　このテーマについて再び考えます。ここまでは創造という面に重点を置いてきました。

　前へ進み始めると、右脳だけでなく左脳も使うことができるようになります。なにかを生み出したらそれを吟味する、創造したら検討する、ということが、できるようになるのです。

　私の場合はこうです。

　1週間に少なくとも2回は、次々と押し寄せてくる仕事を止め、自分自身とミーティングをします（もしチームで働いているのなら、チームミーティングを行います）。

今一度、取り組んでいるプロジェクトについて自分に尋ねます。

「これはいったいどのようなプロジェクトなのだろうか？」と。

テーマについての自分の理解を磨きつづける、つまりテーマをどんどん絞り込んでいくのです。

　どんな創造的活動でも、ここが一番やっかいなところであり、最も激しい抵抗を引き出すところです。なぜなら、

この質問に答えるのは非常に苦しいからです。

　この時点で、さらなる本、映画、新規事業が破綻に追い込まれ（あるいはむしろ、自ら破綻し）ます。その一番の理由は、この問題に向き合って解決しないことです。これは成功か破綻か、食うか食われるかの重要局面なのです。

　脚本家のパディ・チャイエフスキーは「これから書く芝居のテーマが明確になったらすぐに、それを紙に書き留め、接着テープでキーボードの上に貼りつける。するとテーマに沿わないものは、その脚本に一切入ってこなくなる」と言いました。

　先に述べた週に2回のミーティングを実行してください。立ち止まって検討する（振り返る）のです。

　「これはどのようなプロジェクトか？」「このテーマはなにか？」「すべての要素がこのテーマに沿っているか？」と。

空白を埋める II

自分にこう尋ねてください。
「なにか足りないものはないか？」と。

そうしたら、ビートが刻まれておらず、空白のままになっている部分を埋めます。

　新しいレストランのメニューになにが足りないのでしょう？　サン・パウロのスラム街に青少年のための施設を造る計画に抜けているものはなんでしょう？

　ロバート・デュヴァルとロバート・デ・ニーロが出演する映画「告白」を観たことはありますか？　舞台は1940年代のロサンゼルス。デ・ニーロは将来を嘱望されたこの教区の司教、デュヴァルはその兄弟でブラック・ダリア事件をモチーフとした殺人事件を捜査する殺人課の刑事を演じています。

　脚本は素晴らしく、演出も見事です。しかし、撮影の途中、デ・ニーロは直感的になにかが足りないと感じました。今のままだと観客は彼の役を、教会の代表として策略を巡らし、巨額の資金集めの行事を行い、学校を設立し、ロサンゼルスの有力者とゴルフをする人物と見るでしょう。

デ・ニーロは監督のウール・グロスバードのところへ行き、彼が演じる人物が眠るシーンを入れるよう提案しました。いったい何を考えてのことでしょう？

　その結果、デ・ニーロ演じる司教が同じ教区の高僧たちと暮らしている寮（元は豪邸）に夕方になって帰ってくる、セリフのない単純なシークエンスができあがりました。彼は1人で階段を上がり、質素なベッドと椅子と衣装ダンスが1つずつあるだけのがらんとした部屋に入ります。着ていたカーディガンを脱ぎ、それを箪笥の中のワイヤーハンガーに掛けます。箪笥の中には他にシャツ1枚とズボン1本しかありません。そして、ベッドに腰掛ける。それだけです。しかし、この短い間に、観客はこの人物の人生を垣間見るのです。

なにが足りないか自分に問い、空白を埋めましょう。

壁(カベ)

　プロジェクトに着手して数週間がたつと、良いことが起こり始めます。習慣化し、リズムができます。勢いがつきます。

　アイデアがどんどん出てくるでしょう。映画、新規事業、悪癖からの脱却……なんであれ、そのプロジェクトへの取り組みは引力の源となる質量をもちます。それがエネルギーになり、そのエネルギーの場が引き寄せの力をつくり出します。こうなると自動発注の法則によって、本人に自信がなくてもプロジェクトは勝手に具現化していきます。本来のあるべき姿になっていくのです。

　人々の反応も変わっていきます。新しい友人ができ始めます。自立し、プロ意識を持つようになります。他の誰も知らない秘密を知ったような気分になります。というよりも、選ばれた者だけの社会の一部になった気がします。その社会に属する人たちは私たちを認め励ましてくれ、頼まなくてもサポートを申し出てくれます。そして、彼らの支援は間違いなく、私たちが必要としていたものです。

　なんといっても、今が楽しくなります。何年間も行く手を阻んできた恐怖の種が奇跡のように消えてしまったようです。霧が晴れ、現実とは思えないほど良い気分です。

そして ……、

<ruby>壁<rt>カベ</rt></ruby>

にぶつかるのです。

どこからともなく恐怖が襲ってきて、もろい自信はガラガラと崩れます。夜中に、冷や汗をかきながら目を覚ますのです。

例の「お前は未熟だ」という声が再び頭の中に響きます。

　私たちは権威を振りかざしてくる相手に、立ち向かったのではなかったのでしょうか？　それなのに、今の私たちはペコペコしながら引き下がり、その相手の足下にひれ伏しています。

　無礼な態度をとった相手に立ち向かったのではなかったでしょうか？　今や私たちは恥ずかしげもなく、前言を撤回させてくれと泣きついています。

創造性が開花するかしないかの瀬戸際、
あちらとこちらの境界線の真上で、
私たちはどちらにも傾かないように
なんとかバランスを保っています。

しかし、それももう限界です。

成功の見込みは
ボンヤリとしか見えません。

怖い。

なぜこんなプロジェクトを
始めてしまったんだろう？
あのときは、どうかしていたに違いない。

誰がけしかけたんだ？
首をしめてやりたい。

あいつらは今どこにいるんだ？

どうして助けてくれないんだ？

まだ道半ば、全体の3分の2ほどまでしか来ていません。ここまで来るのに相当な時間とお金をつぎ込み、言うまでもなく夢も希望も自分の存在意義をもかけてきました。が、まだ乗り越えるべき難局が残っていて、エンディングは遠くて見えません。

　今、私たちの船はホーン岬を回ったところで、うなるように風が吹き荒れ、船のマストを氷が覆い、帆と帆綱も凍りついています。嵐の中、まともにぶつかってくる風。戻ることも進むこともできません。

　これ以上進めばパニックになるとわかっています。しかし、止まることはできません。冷静さを保てなくなります。

私たちは入り込んでしまったのです。

抵抗モンスター

の

腹

中に

地獄へようこそ

さあ、困りました。

思い当たる症状に気づき、「早く教えてくれ」という心境になっていることでしょう。

次の"原理"と"問い掛け"は本書の中で最も重要です。

映画の中に出てくる映画、ダンスの中のダンスです。本書から1つだけ持ち帰るものを選ぶとしたら、それはこの場所です。

ここでは抵抗の７つの原理と、抵抗からの２つの質問について説明します。

今現れている症状のすべてを引き起こす土台となっているのが、この7つの原理です。そして、2つのテスト（問い）が待っています。

そう、厳しい追及です。

　地獄から抜け出すためには、次のことを知っておかなければなりません。

原理 1　敵は存在する

　居心地がよく、社会的な安全も保証され、個々人の自尊心が高い世界では誰もが、邪悪なものなど存在しない、人間は本質的に完璧で、すべての人とすべてのものは善良につくられる、と信じるよう洗脳されています。

　世間で目にしたり自分自身の心の内に感じる闇はただの幻想にすぎず、きちんと世話をして、愛や教育を与え、適切にお金をかけることで追い払うことができる、と思うよう訓練されているのです。

　しかし、抵抗を追い払うことなどできません。

敵は存在します。

私たちを失敗させようとする、
賢くて行動的で、
悪意を持った力があるのです。

これを認識することが最初のステップです。

その存在を認識するだけで、とても大きな助けになります。それによって、私の人生は救われました。あなたにとっても助けになるでしょう。

原理2 この敵は容赦がない

今向き合っている敵意と悪意に満ちた力は、生やさしい相手ではありません。いい加減に扱ったり軽くあしらえるものではないのです。向こうは本気です。私の親しい友人でユダヤ教のラビでもあるモーディカイ・フィンリー師はこう言います。

「その力はあなたの命を奪います。
　　　ガンのように命を奪うのです」

　この敵は知的で変幻自在で容赦のない、消し去ることのできない、とても冷酷で破壊的な存在です。

その目的は、
私たちの行動を妨害し、阻止し、
邪魔することではありません。

息の根を止めることです。

原理3 敵は自分の中にいる

　パット・ライリーが、NBAのロサンゼルス・レイカーズのコーチをしていたときに、名声やエゴといった、選手の試合での成功の邪魔になるコートの外の敵（離婚した妻は言うに及ばず、熱狂的すぎるファン、報道陣、エージェント、スポンサー）を彼一流の言い方で「コート外の試合相手」と表現しました。

　脅威となるのはコート外の試合相手ではありません。ライバルや上司、配偶者、子ども、テロリスト、不法滞在者、政敵から生まれるわけではないからです。

抵抗は自分の中で生まれます。

　宇宙船に乗って冥王星に行き、地球から気が遠くなるほど離れた、アーティストにはうってつけのコテージに、たった1人で住んだとしても、抵抗は消えることはありません。

敵は自分の中にいるのです。

原理4　敵は自分の中にいるが、自分ではない

頭の中で抵抗の声が響いても、それは自分のせいではありません。

　あなたの落ち度ではないのです。あなたは、なにも間違ったことはしていません。なんの罪も犯していません。私の頭の中にも同じ声が聞こえます。ピカソやアインシュタインもそうだったでしょう。サラ・ペイリンもレディー・ガガもドナルド・トランプも、皆同じです。

頭があれば、誰にでも抵抗の声が聞こえてくるのです。

　繰り返します。敵はあなたの中にいるけれど、あなた自身ではありません。抵抗が潜んでいるからといって、道徳心がないのではと疑う必要はありません。生きている限り、心臓が鼓動を打つのと同じように、抵抗が存在するものなのです。

　あなたに罪はありません。自由な意志と行動する能力を失ったわけではないのです。

原理5 「本当の自分」は「抵抗という自分」と闘わなければならない

「自己」という競技場に騎士とドラゴンが立っています。

騎士があなた、ドラゴンが抵抗です。

　ドラゴンと仲良くすることなどはできません。説得することも交渉することも、白光で包んで友人になることも叶いません。ドラゴンは炎を吹き、黄金の知恵と自由をあなたに渡さないよう、死守するためだけに生きています。

騎士とドラゴンの間で
コミュニケーションが成立するとしたら、
それは闘いという形でのみ実現します。

それは生死をかけた1対1の闘いです。命乞いをすることも許し合うこともあり得ません。

原理⑥ 抵抗は2番目に現れる

この原理は克服の鍵となります。

抵抗の前に、仕事のアイデアや
情熱、夢が先にやってきます。
それを創造すると思うとワクワクしすぎて、
恐怖で身がすくむほどです。

抵抗とは、怯えたちっぽけな取るに足らないエゴの、勇敢で寛大で気高い創造的な自己に対する反発です。

抵抗とは、自分の中の太陽のように強い光を放つ革新的な面がつくり出す"影"なのです。

アーティストや起業家として実際にプロジェクトに取り組む私たちにとって、これはどういうことを意味するのでしょう？

その醜悪な頭を持ち上げ、私たちの顔に火を吹きつける抵抗というドラゴンより先に、私たちの中には、人生に対する前向きな、とても強い力があったのです。その強さは、対等に渡り合える相手としてこのモンスターを生み出すほどでした。

そもそも抵抗とは、私たちがその足下にひれ伏し、恐怖で震えるような、そびえ立つほど強大なモンスターではないのです。むしろ校庭の木に登るのを許してくれない、小うるさい学校の教師に似ています。

先にあったのは、登りたいという
衝動のほうです。

この衝動が愛です。

ものへの愛、
仕事への愛、
兄弟姉妹への愛、
それらのために自分の労力を喜んで捧げたい
という思いです。

ギリシャ語で愛は「エロス」と言います。生きる力であり、「デュナミス」、創造的衝動です。

木登りが好きなわんぱく坊主は、
私たちの友人です。

　この子は私たちであり、高次の本質であり、自己そのものです。抵抗に直面したら、この子の存在を思い出し、すがりつき、その力を引き出さなければなりません。

怖れに対する愛とは、
挑戦への愛、
プロジェクトへの愛、
夢に狙いを定め、達成の可能性を思う
純粋な喜びに溢れた情熱です。

原理7 「抵抗」の真逆にあるのは「サポート」

　神話や伝説では、騎士がドラゴンを倒す旅に出ると必ず助けが現れます。神は主人公を助ける役目を負った人物を遣わします。ギリシャ神話では、テセウスがミノタウロスと闘うときにはアリアドネを、ジェイソンがゴールデンフリースを追ったときはメディアを。オデュッセウスには、故郷まで導いてくれた女神アテナがいました。

　アメリカ先住民のトーテム信仰の神話では、人間を助けてくれるのは不思議な力を持つワタリガラスや、言葉を話すコヨーテといった動物です。ノルウェーの神話では主人公を助ける老婆がたびたび登場します。アフリカの伝説では鳥がその役を果たします。新約聖書の東方の三博士は星に導かれました。

　こうした人や動物、特別な力はすべてサポートを表します。彼らは目に見えないもののシンボルで、夢の象徴です。

夢とは、プロジェクトやビジョンであり、
これから創造しようとしている交響曲、
新規事業のことです。
愛とは、物事の達成を思い描くときに
心に満ちる情熱と熱意のことです。

抵抗に叩きのめされるようなことがあると（実際、年がら年中それは起こります）、私はチャールズ・リンドバーグのことを思い出します。彼が大西洋を単独飛行で横断する挑戦の資金集めに苦しんでいたときに、どのような抵抗の「おしゃべり」が頭の中で鳴り響いていたと思いますか？

「お前は若すぎる、経験がなさすぎる。
　なんの信用も信頼も得ていない。
　単独飛行に挑戦した者で成功した人物は1人もいないのだから、
　お前だって失敗するだろう。
　できるわけがない。
　飛行機が墜落して、海で溺死だ。
　お前は不可能なことをしようとしている狂人だ。
　どれほど恐ろしい運命が待っていたとしても当然だ！」

なにがリンドバーグに苦難を乗り切らせる原動力になったのでしょうか？

夢以外にはあり得ません。

アイデアへの愛です。

　1927年、ニューヨークを飛び立ち、前人未踏の単独無着陸での大西洋横断を成功させ、パリ郊外のル・ブルジェの地に着陸したのはどれほど爽快なことだったでしょう。

　7番目の原理は、宇宙からのサポートの力——形のないものを形にすることへの夢と情熱——を借りて、自分が自分の味方となり、その力の背に乗ってドラゴンとの闘いへ乗り込むことができる、ということです。

抵抗からの2つの問い

　抵抗は私たちひとりひとりに、2つの質問を投げかけます。

それぞれの質問にはたった1つの正解しかありません。

◆Q1

どれぐらい真剣に
それを望んでいるのか？

　物差しとして程度を示す表現を下記に挙げておきます。自分の本、映画、バレエ音楽、新規事業などについて、どう感じているかを表しているものを選んでください。

少しかじる程度
興味がある
取り組みたいと思うが自信がない
取り組みたいと強く望んでいる
取り組むと完全に決めている

　最後の選択肢を選んだのでなければ、この本を閉じて捨ててしまいましょう。

◆Q2

なぜそれを望むのか？

1 愛する人のため
2 お金を得るため
3 名声を得るため
4 自分はそれを得るに値するから
5 力を得るため
6 父親(あるいは元配偶者、母親、先生、コーチ)が間違っていたことを証明するため
7 人生あるいは人間はどうあるべきかについての自分のビジョンを実現するため
8 楽しいあるいは美しいから
9 選択の余地がないから

もし8か9を選んだのなら、あなたにはここに残る資格があります(たった1つの正解しかないと確かに言いましたが、8と9は実際には1つのものです)。

その他の7つを選んだ場合でも、残ることはできます。ただし、直ちに「更生室」に入ってもらうことになります。

更生室

映画「暴力脱獄」を観たことがある人なら、その中に登場した懲罰房を覚えているのではないでしょうか？　そこへなにかを持ち込むことは許されません。本書の更生室の入口でも、次のものを持っていないかチェックされます。

- ✦ エゴ
- ✦ 権利意識
- ✦ 忍耐力のなさ
- ✦ 怖れ
- ✦ 希望
- ✦ 怒り

さらに以下のものも置いていかなければなりません。

- ✦ 出生時の境遇、例えば生まれたときに、いかに構ってもらえなかったか、虐待されたか、こき使われたか、愛されなかったか、貧しかったか、器量が悪かったか、などの影響を受けた自分のさまざまな面への一切の不平不満

- ✦ 出生時の境遇、例えば生まれたときに、いかに裕福だったか、愛らしかったか、背が高いか、痩せているか、賢いか、魅力的か、人から愛される人間か、それらの影響を受けた自分は特別な人間だという感覚

> ✦ 前出の特質のうち、後天的に（誕生後に）得たもので、ただし立派な資質であり功績に値するものとして身につけたものすべて

携えることができるのは、
天職への愛、
完遂するという意志、
そして、ミューズに仕える
道徳的で創造的な情熱だけ。

これでこのスペシャル・セクションは終了です。では、中途だった演目に戻ることにしましょう。

話はまだ3分の2までしか
進んでいませんし、抵抗の地獄にも
はまったままですから。

第 2 幕

Part.B

MIDDLE

ビッグ・クラッシュ

プロジェクトはとてもうまく進んでいました。トップギアに入っていて、完成間近でした（実際にはほぼ完成していたと言えるかもしれません）。

そんなときに必ず起こるのが、

<ruby>クラッシュ<rt>崩壊／破壊</rt></ruby>です。

もし、そのプロジェクトが映画なら、主役が入院してしまうかもしれません。ベンチャー企業なら、銀行が融資を引き上げてしまうかも。ロデオ大会なら、一番人気の牛が雌牛と一緒に逃げてしまうかもしれません。

クラッシュはどんな分野においても間違いなく起こります。あまりに確実なので時計の時刻合わせができるほどです。

賭けてもいい、必ず起こります。

最悪なのは、それに対し備える術がないことです。なぜなら、プロジェクトの最初に自分が行った、あるいは見過ごした人任せや怠慢によって発生する仕組みになっているからです。

　それは私の身にも起きました。最新の小説『The Profession』は完成までに2年かかりました。自信がありましたし、気合いも入っていました。限界を突破し、これまでにない水準のものができたと確信していました。

　そして、信頼する人たちに、この作品を見せたところ、

彼らはその本を気に入りませんでした。

もう一度言います。

彼らはその本を気に入らなかったのです。

　何よりも辛かったのは、彼らが正しかったという点です。この本は確かに出来が悪かった。コンセプトが弱く、その弱さが致命的でした。

すぐに気を取り直し、このどうしようもない作品を数日の内にまともなものにリライトしました、と言いたいところですが、残念ながら実際は、私もこの本と同様に崩れ落ちてしまいました。

気持ちが落ち込み、迷子になり、
　　どうしたらよいか
わからなくなってしまったのでした。

脱落のベルを鳴らす？

　シールズと呼ばれる米国海軍特殊部隊（SEAL）の訓練では、候補生に米国の軍隊でおそらく最も肉体的に厳しい試練を課します。それは候補生を潰すためです。シールズの教官たちは候補生が潰れてしまうかどうかを知りたいのです。意欲的な軍人が実戦の任務中に生命の危機に瀕したときに失敗するよりは、サン・ディエゴのコロナド島の訓練所で脱落するほうがよいからです。

　シールズの訓練所にはベルがあります。約10kmの海中水泳やフル装備での約24kmのランニング、おまけに一睡もさせてもらえず、飲まず食わずで肉体的精神的に追い込まれる訓練の辛さに、「これ以上耐えられない」「もうたくさんだ」「やめてやる」などと思ったら、歩いていきそのベルを鳴らします。

それだけです。それで終わり。

ベルを鳴らした者は脱落です。

モンスターの腹の中にいる私たちの前にもベルがぶら下がっています。
あなたは、それを鳴らしますか？

シールズの訓練と私たちが直面しているものは違います。

実は、私たちの試練のほうが厳しいのです。

なぜなら、私たちは1人だからです。

　進み続けろと耳元で怒鳴り活を入れてくれる教官は、私たちにはいません。友人もいなければ共に苦しむ仲間もいないし、外から強制される仕組みもありません。誰も食べ物をくれないし、家も衣服も与えてくれません。目標になる目印もなければ検証の指標もない。

自分がうまくできているのか、失敗しつつあるのか、判断がつきません。やり遂げたときに（取り組むと仮定してですが）、おめでとうと声をかけようと待ち構えていてくれる人もいないのです。シャンパンもビーチパーティーも修了書も勲章もありません。これから取り組もうとしているこの闘いは、誰にもわかってもらえないし、誰かと共有することもできないし、助けを頼むこともできません。

ただ1つ、シールズの候補生と同じように全員に与えられているのがベルです。

それを鳴らしますか？　それとも課題に取り組みつづけますか？

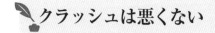
クラッシュは悪くない

クラッシュという状況は最悪ですが、最終的には良い作用をもたらします。

クラッシュは単純に失敗したことを意味します。全力を尽くしたけれど、満足な水準に達しなかったのです。しかし、私たちが敗者だということを表しているのではありません。

クラッシュに直面することで、成長の必要があることがわかります。

　それが意味するのは、私たちがなんらかの学びの入口に立っているということであり、それはつまりこれから向上し、技術についての知恵を習得する余地があるということです。なにが効果的でなにがそうでないかを私たちに知らせ、その2つの違いを教えてくれます。

　この窮地に陥ったのは、ことの始まりに自分が犯した間違いのせいです。どこで間違えたのでしょうか？　どこかで手を抜きましたか？　不注意でしたか？　気持ちに問題がなかったとしたら、人間の本質を計算に入れていなかった？　現状分析が間違っていたのしょうか？

原因がなんであれ、クラッシュによって私たちは振り出しに戻り、自分が直接つくったにせよ、無意識に口火を切ってしまったにせよ、その問題を解決せざるを得なくなります。

「地獄とは他人のことだ」とサルトルは言いましたが、この場合、地獄とは自分のことなのです。

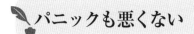パニックも悪くない

創造的なパニックもまた悪いものではありません。なぜなら、

最大の怖れは、
「成功を怖れる気持ち」だからです。

成功しつつあるとき、つまり自己不信や自己妨害に打ち勝てるようになったとき、技術が向上して今までより高いレベルへ進化しつつあるとき、そういうときにパニックが襲ってきます。

自分の本でクラッシュが起きたときの私もそうでした。しかもそれが、その年の最も素晴らしい出来事になったのです。

パニックになっているときというのは、
私たちが限界を超えようとしているときです。
より高い次元への入口に立っているのです。

幼い子どもが思い切って母親から何歩か離れる様子を見たことはありませんか？　大きな勇気をふるっての行動です。危険を冒して前へ踏み出し、気持ちが高揚し、そして……、自分がなにをしてしまったかに気づきます。すると急に怖くなり、母親のもとへ大急ぎで駆け戻ります。

　これが成長しているときの、あなたであり、私の姿です。

　次に挑戦するとき、その子はそれほど慌てて母親のもとに戻りはしないでしょう。次はもっと遠くまで挑戦するはずです。

その子のパニックは一時的なもので、成長過程で自然に経験することの１つです。

　私たちも気を取り直し、再挑戦すればよいのです。今度は打ち負かすことができるはずです。壊れた車を修理し、再び走り出しましょう。

　パニックは悪くありません。私たちが成長している証しなのです。

振り出しに戻る

モンスターの腹の中から、私たちは次の味方のもとへ戻ります。

> ✦ 愚かさ
> ✦ 頑固さ
> ✦ 信じつづけること

私たちは途中でやめられるほど賢くないし、引き下がるには頑固すぎます。

そして、モンスターの腹の中で2つの原則を思い出すのです。

> 1 自分と「問題」を切り離すこと
> 2 問題ならば解決できるということ

1 自分と「問題」を切り離す

プロ意識の高い人は、成功や失敗を個人のこととして捉えません。これが今の私たちに一番大切なことです。

プロジェクトでクラッシュが起きても、
私たちは人としての価値まで
失ってしまったわけではありません。
それは、ただのミスによるものであり、
ただの「問題」にすぎません。
ですから、解決することができるのです。

ここで、例のレポート用紙に戻りましょう。

どこで間違ってしまったのでしょうか？
列車はどの地点でレールから
外れてしまったのでしょう？

　レポート用紙に書いた全三幕とテーマについてまとめた、最後の締め括りのどこかに答えがあるはずです。なぜ見つけるのがそれほど難しいのでしょう？　難しいから難しいのです。

　わざと煙に巻いたりふざけたりしているわけではありません。私

たちが間違ったのは、問題のあまりの困難さに（そして、それを解決するという行為があまりにも辛かったために）プロジェクトが始まったときに身をかわして避け、無視してしまったためです。問題が消えてしまえばいいと思いました。自然に解決してくれと願いました。小さな警告の声がしていましたが、賢すぎた私たちは、あえてそれを聞き逃したのです。

悪いニュースは、問題と向き合うのは地獄だということ。

良いニュースは、
問題は"ただの問題"でしかない、
ということ。

私たちひとりひとりの責任なのではありません。私たちに価値がないわけでも、悪いわけでも、理性を失っているわけでもありません。ただ、問題に直面しているというだけなのです。

2 問題ならば解決できる

　例の私の著書でどのようなクラッシュが起こり、そして、どうやって私がそれを解決したのかをお話ししましょう。

　前に述べたように、それは『The Profession』というタイトルの本の話になります。数年先の未来を舞台とする軍事・政治スリラーで、報酬目当ての軍人が、従来の兵士たちに取って代わって軍務についているという設定です。

　どのシーンも大体はうまく表現できていました。しかし、すべて同じところでつまずいてしまいました。出来事の発生する時代が現代に近すぎて、真実味がなかったり、後付けで批判されてしまう可能性が出てきたのです。読者はおそらくこう言うでしょう。「でたらめだ。かつてその場にいたが、こんなことにはならなかった」と。さらに、感情を逆なでするような出来事（9月11日の米国同時多発テロやイラクとアフガニスタンからの架空の撤退）や、現実に起きた痛ましい事件（米国兵士たちは無駄に生命を落としたのでしょうか？）を含んでいるため、それらが、基本的にはシンプルなストーリーをボンヤリさせ、未来の政治についての推論を摘み取ってしまっていました。

　「友人や家族」について少し前に述べたことを覚えていますか？　答えは、そうした人たち——私に近しい2人の人間（彼らは自分のことだとわかっています）——から、もたらされました。彼らは問題の内側に分け入り、あちこち指摘してくれました。問題を解決して

くれたわけではありませんが、彼らが引き出してくれたアイデアが助けとなって解決に辿り着くことができたのです。

それは時代設定を、もっと先の未来に移すことでした。

「友人や家族」の助けが
ダイヤモンドをかち割る
一撃となったのです。

神秘的でもなければニューエイジ風のスピリチュアルなことでもなく、引き寄せの法則的なものでもありません。

解決法はむしろ機械的な流れの中で
生まれました。

まるで「溝に落ちた車を動かすために、タイヤを路面に乗せる」「故障個所を修理する時間が必要なので出荷日を1カ月延ばす」というくらいに、無味乾燥で機械的でした。

でも、それが功を奏したのです。
1年かかりましたが、
問題は解決しました。

やがてその本は、再びリライトすることになり、もう一度振り出しに戻らざるを得なくなります。

今度はいったい何が起きたと思いますか？

『白鯨』でクラッシュが起きていたら

仮に、長編小説『白鯨』が9割できた辺りでクラッシュが起こり、著者のハーマン・メルヴィルがパニックになって、助けを求めるメッセージを、私たちに送ってきたと想像してみてください。メルヴィルをサポートするために、私たちはどのような議論をするでしょうか？

まず皆さんは、メルヴィルの家へ急行し『白鯨』の原稿を読むでしょう。彼の元へはすでに友人や同僚からのフィードバックが届いています。どれもその本の出来がよくないという点で意見が一致しています。皆さんは大事な質問をここでします。

「なにが足りないのか？」

全員一致で船長エイハブに注目が集まります。

　　　１人が言います。「この船長は、映画「ケイン号の反乱」のクイーグ艦長のようだ。ノイローゼになって精神のバランスを欠いている」と。別の者は「彼を見ていると、独裁的だったと言われるイギリス海軍のブライ艦長を思い出す」と言います。

では、レポート用紙を見てみましょう。『白鯨』の船長について、なんと書かれているでしょうか？

　　　「次に、怪物に挑戦する人間について。彼自身も怪物のような存在でなければならない。強迫観念をもった横柄で偏執的な人物、エイハブだ」

ふむふむ。さらに読んでみましょう。テーマについてはなんと書いてあるでしょう？

　　　「（中略）人間の意志と（中略）自然という存在がもつ本質的な悪意との対立」

メルヴィルは少し興奮気味で題材との距離が近くなりすぎており、自分の願いと題材を同一視してしまっています。おまけに文無しで、家賃も納めなければなりません。強めのラムを数杯飲ませたので、今は寝室で眠っています。しかし、依然として問題は未解決のまま。具体的にはなにが問題なのでしょう？

大きくは2つあります。

　1つには、エイハブ。今のままでは弱すぎるのです。白鯨モビィ・ディックの相手としては釣り合いません。彼をもっと強くしなければなりません。

　2つめはテーマの不完全さです。

　ここで再び質問です。

「なにが足りないのでしょうか？」

　エイハブはもっと怪物的で、もっと偏執的である必要があります。では、どうやってそれを実現すればよいのでしょうか？

> 1　彼に義足をつける（1850年代には普通のことではなかった）。
> 2　ただの義足ではなく、クジラの骨でできた義足にする。
> 3　エイハブはクジラとの闘いで片足を失ったというエピソードを加える。
> 4　そのクジラは他でもないモビィ・ディック。
> 5　エイハブは一晩中、復讐心に燃えて後甲板をのしのしと歩き回る。鯨骨の義足のたてる音が、甲板の下の乗組員たちの寝ている空間に狂気の前兆のように響き渡る。
> 6　エイハブの髪と髭には、彼の魂に刻まれた憎悪の稲妻の跡を表すかのように、ひびのような白い線が入っている。

> 7 エイハブの執念の深さを強調するビートを加える。例えば、ピークォド号が別の捕鯨船レイチェル号の横を通りすぎる。レイチェル号はモビィ・ディックに遭遇し闘った直後で、船長の息子を含む失った大切なクルーたちを捜索中だった。エイハブは一切の助けの申し出をはねつけ、白鯨の追跡のために船の速度を上げる。
> 8 エイハブは捕鯨の契約を断念し、営利目的の捕鯨を非難する。鯨油を取るためにクジラを殺すなどやっていられるか！ エイハブは復讐のためだけにモビィ・ディックを追う。

これらの変更は功を奏しました。健康な2本の足と普通の髪をしていた以前のエイハブよりずっと良くなりました。しかし、まだなにか足りません。

テーマをもう一段階深める必要があります。

「人間の意志と、自然という存在が持つ本質的な悪意の対立」というだけでは足りないようです。十分ではありません。人間もまた自然の一部であるという要素が必要です。人間は自分自身の内にある悪と闘い、それによって消耗する、という要素です。

もう一度ここで質問です。
「なにが足りないのでしょうか？」

それは乗組員の関与です！　エイハブだけが船上で唯一常軌を逸

した人間で、乗組員はおとなしく彼に従っているというのがうまくありません。彼らも船長と同様に狂気に取り憑かれる必要があります。

新しいシーンを作ります。エイハブが乗組員を集め、モビィ・ディックを打つためだけに作られた銛に力を注入するというシーンです。

> 「前へ出ろ、お前たち！　銛を俺の前で交差させろ。よし！　軸に触らせろ」（エイハブはその限界まで膨れ上がった憎悪を、3人の銛打ちたちが持つ銛に電気のように手から流し込もうとするかのように触れた）「銛打ちたちよ、飲め！　飲んで誓え!!　……モビィ・ディックに死を！　ヤツを仕留めなければ、神が俺たち全員を狩るだろう！」

ゆえに、それをリライトというⅡ

このエイハブの話が、あなたには完全な妄想に聞こえるでしょうか？　メルヴィルは天才だったのだから、最初から満足のいく登場人物を作り上げ、失敗していたはずがないと思いますか？

そうかもしれません。しかし、このときではなかったとしても、ハーマン・メルヴィルが別の作品を書いたときには、こうしたことが起きていたはずだと断言できます。そして、それは男女を問わず、数え切れないほど多くの人たちの制作プロセスにおいても、何度も何度も何度も起きているものなのです。

どれほど素晴らしい作家であろうと
アーティストであろうと
起業家であろうと、
人間であることに変わりはなく、
必ず過ちを犯すものです。
抵抗を防ぎきることはできません。
失敗します。
そうして、クラッシュに直面します。

ゆえに、「リライト」することになるのです。

脱出

ここで私たちにとって大切なのは、地獄を通り抜けたということです。問題は解けました。

解決したのです。

モンスターの腹の中からの脱出に成功しました。

鋼鉄の意志

作家のセス・ゴーディンは、なぜそれほどまでにプロジェクトの最後の「世に出す」段階を重視するのでしょうか？

> 最終段階があらゆるプロジェクトの重大局面だからです。
> 完了しなければ、
> すべての努力が無駄になってしまいます。

私たちにとって世に出す、という行動は、最も大切なときを迎える用意ができたと宣言するのと同じです。宅配便の箱に詰め、世界に送り出す。私たちの作ったものが、映画ならスクリーンに映し出され、スマートフォンなら店頭に並び、ミュージカルならブロードウェイで上演される、ということです。

> しかし、世に出すには
> 「鋼鉄の意志」が必要です。

以下は前述の拙著『The War of Art』からの引用です。

> 私の古い友人は、何年も努力し、素晴らしく深みのある私小説を書き上げました。彼は完成した作品を送付用の箱に入れ、あとはカバーレターと共にエージェントに送ればよい状態だったのですが、そうすることができませんでした。拒絶されることへの怖れが、彼を弱気にさせたのです。

世に出すのは臆病者や気弱な人には向きません。強い動機や衝動が必要です。すでにモンスターは倒れています。次はその心臓に杭を打ち込まなければなりません。

ハムレットとマイケル・クライトン

なにかを完了させることがいかに難しいか。英文学の最高傑作でも、この題材を取り上げています。ハムレットは自分の父親を殺した叔父と対決せねばなりませんでした。しかし、彼は逡巡し始めます。そして、ご存じのように、この哀れな王子は混乱し、抜き身の短剣を手に自殺しようとします。

> *良心がすべての人間を臆病にさせ*
> *決断の純粋な色も*
> *一瞬の思考のせいであせてしまう*

高尚で偉大な意図も
貫徹されることはなく
実現されることがない

　作家のマイケル・クライトンは1つの小説の執筆が終わりに近づくと、起床時間がどんどん早くなりました（と読んだことがあります）。魔法の効き目が消えないようにと、6時起きが5時に、それが3時半に、やがて2時半になり、そのせいでとうとう彼の妻の精神が不安定な状態にもなってしまいました。

　やがて彼は家にいられなくなり、コナ・ヴィレッジ（なかなかよいホテルです）にチェックインし、本を書き上げるまで徹夜を続けました。

　マイケル・クライトンはプロです。

彼は、抵抗が仕上げの段階で
最も強力になることを知っていました。
そのため、成し遂げた成果を世に出すために、
どれほど馬鹿げた型破りなことも、
実行したのです。

END

成功への怖れ

米国のスピリチュアル・リーダーであるマリアン・ウィリアムソンほど、このテーマについて見事に表現した人はいないでしょう。

> 私たちの最大の怖れは、自分が不十分であることに対するものではありません。自分が計り知れないほど強力だということへの怖れです。何よりも恐ろしく感じるのは、自分の闇ではなく光なのです。「自分がこんなに優秀で、華やかで、才能に恵まれ、素晴らしい人間であるはずがない」と思ってしまいます。実際には、あなたがなれない人物などいません。あなたは神の子です。自分を小さく見せることは世界のためになりません。他の人が不安を感じないよう萎縮していても、何も伝わりません。皆、子どもと同様に輝くことになっているのです。私たちは、自分の中にある神の恵みを表現するために生まれてきました。選ばれた少数の人の話ではありません。神はすべての人の中にいます。そして、私たちが自分の光を輝かせることで、無意識に他の人に対しても同じように輝くことを許すことになります。怖れから自由になった私たちの存在は、自動的に他者を自由にするのです。

「天国」と「天国についての本」

ニューヨーカー誌に掲載された漫画をご存じですか？

ある人が2つのドアの前に立って
迷っています。
一方のドアには「天国」と、
もう一方のドアには「天国についての本」
と書かれています。

この漫画の、なにがおかしいのでしょうか？　それは、これを見た人が皆「天国についての本」のほうを、選んでしまうところです。

どこまで臆病なのでしょう？
私たちの根性は、そんなに小さなもの
だったのでしょうか？

天国に行くチャンスが目の前にあるというのに、どんな臆病風に吹かれたなら、こんな風に尻込みし――今回だけのことだと自分に弁解して――天国のおぼろげな影のほうを選ぼうとするのでしょう？

「成功への怖れ」が
「抵抗の本質」なのです。

　それは静かに隠れて目に見えませんが、人生のあらゆる面に潜み、私たちにはわからない、あるいは目を背けたくなるような形で妨害してきます。

けれども、モンスターの腹の中で、
あなたも私も天国を選択しました。
私たちは学び、強くなっています。
今直面しているのは最後の試練です。

露出

登山用語に「エクスポージャー(露出)」という用語があります。下になにもない険しい岩壁を登っているときなどに使います。

エベレストの頂上から約30mのところにいても、下に突出した岩や岩棚があれば、露出しているとは言いません。反対に、海岸でハーフパンツとタンクトップという軽装のまま登山の練習をしていたとして、その岩が3mの高さしかなくても、下に何も無ければ露出していると言います。

成果を世に出すとは、
露出するということです。

だからこそ怖いのです。世に出せば評価の対象となります。プロジェクトの成果と私たちは現実世界から宣告を受けるのです。世に出せば、失敗するかもしれません。世に出せば、恥をかくかもしれません。

もう1つ別の実話があります。

17年間挑戦してきて手に入れた、私の最初の映画脚本家としての

仕事は、「キングコング2」でした。私と当時パートナーだったロナルド・シャセット(「エイリアン」や「トータル・リコール」といった映画作品を手掛けた素晴らしい脚本家でありプロデューサー)は、今回プロデューサーを担当するディノ・デ・ラウレンティスのためにストーリーを作り上げ、大ヒットは間違いないと確信していました。あらゆる知り合いをプレミア試写会に招待し、成功を祝うパーティーのために隣のレストランまで借りました。

しかし、誰もパーティーには現れませんでした。招待客以外で1人だけ見かけましたが、小銭をせびりにきていたようです。友人たちは、上映中は麻痺したように無言で耐えていました。そして、灯りがつくと、まるでゴキブリが逃げるように夜の闇に消えていきました。

翌日のバラエティー誌に掲載されたレビューには、こう書いてありました。

「彼らの親たちのためにも、
　　ロナルド・シャセットと
スティーヴン・プレスフィールドの名前が、
　　本名でないことを祈る」

1週目の集計を見ても、映画はパッとしませんでした。それでも私はまだ、都会では受け入れられなかっただけで、郊外ではマシかもしれない、と希望を捨てていませんでした。私はとある近くの町のシネコン（複合映画館）に車で出掛けて行き、ポップコーン売り場で働いていた若者に、「キングコング2はどうだい？」と聞いてみました。彼はさっと親指を下向きにして見せました。

「見なくていいよ、だんな。あれはひどいよ」

　私は打ちのめされました。

いまや42歳で、人並みの生活をすべて諦めて
　　脚本家になるという夢を追い続け、
リンダ・ハミルトンを起用したハリウッドの
　　一流映画にやっと名前が載ったのに、
　　　どうなっているんだ？
私は敗者だ。にせ者だ。私の人生は無価値で、
　　そして、私自身もそうだ。

　その後、私は友人のトニー・ケッペルマンの「やめるつもりか？」

という言葉で、我に返ることができました。「絶対いやだ！」と返すと彼はこう言いました。

「だったら元気を出せ。君は今、ずっとたどりつきたかった場所にいるじゃないか。だからこそ非難も来るのだろう。けれどそれは、傍観者として眺めているのではなく、表舞台に立った代償だ。文句を言うのはやめて感謝したまえ」

このとき初めて、自分はプロになったのだと実感しました。成功こそまだしてはいないけれど、本物の失敗をしたのだと。

世に出すということは、現実世界の評価に自分をさらすということです。これほど力を与えてくれるものは他にありません。なぜなら、それによって地球にしっかりと根を下ろし、自分をすり減らす現実逃避の幻想や、自分についての思い込みから抜け出すことができるからです。

社会に自分という存在を問うてみましょう。

1つだけ約束できること

　私が特に苦手な抵抗は、露出する（世に出す）ときのものです。25歳のときに、小説を書いたことがあります。それは99.9％完成していました。しかし、引き金を引くことができませんでした。尻込みしてしまったのです。

　その頃の私は、抵抗というものが存在するとは知りもしませんでした。頭の中の「おしゃべり」を信じ、それに従って行動し、挙げ句の果てに、結婚も人生も破綻させました。抵抗というドラゴンの心臓に剣を突き刺し、本を世に出す代わりに……。

　そのドラゴンに再び立ち向かう勇気を持つのに7年かかりました。そして、ドラゴンを倒す方法を知るまでに、さらに10年かかったのです。

　今言える確かなことは1つ。

一度ドラゴンを倒したら、二度と負けることはありません。

そうです。ドラゴンは決して消えることはありません。倒しても毎朝変わることなく闘い続けなければなりません。そして、その闘いもやはり厳しいもので、相手はこれまでと同じように汚い手口を使ってきます。

> しかし、一度倒しておけば、
> 次も倒すことができるとわかります。
> するとゲームの流れが変わります。
> そして、人生も変わるのです。

1つのことを成し遂げたあの日から、目標を達成できずに困ることは一切なくなりました。

> 私は必ず最後までやり遂げます。
> 必ず世に出します。

この先も抵抗に気をつけて

　世に出したからといって、抵抗がなくなるわけではありません。ターミネーターと同じように、前回にも増して残忍で邪悪なものに変身します。抵抗(ドラゴン)は戻ってくるのです。

　これについては別の本でまた書くことにしましょう。成熟度や専門的技術に関するもの、ポジショニングやブランディング、マーケティングの分野で起こりつつある地殻変動レベルの大きな変化によって必要となる個のあり方、あるいは純粋な芸術や超自然的なものへの真偽について、といったテーマの本かもしれません。とはいえ、いったんそれは置いておきます。

今はとにかく、祝福を！
とうとうやり遂げたのです！

おめでとう！

プロジェクトは完了しました。最後の抵抗も乗り越えました。このいまいましい相手を打ち倒したのです！

あなたに称賛を送ります。

船で海へこぎ出し、港へ無事に戻ってきたすべての人に敬意を表します。

夢を育て、屈することなく力を尽くし、
たった1人で最後までやり通す人は、
心から尊敬するに値します。

あなたがやり遂げたことに脱帽します。40ポンドの減量に、コカインをやめたことに、愛する人を失った悲しみから立ち直ったことに、いかなる種類の苦難であれ、内的なことか外的なことか、にかかわらず、それに立ち向かったことに、そして、コツコツと努力をつづけ完遂したことに。あなたが通りすぎるときには姿勢を正して迎え

ます。映画「アラバマ物語」の中で、傍聴人たちがアティカス・フィンチ弁護士にしたように、あなたのために起立します。

　誰もおめでとうと言わなくても、私が今言いましょう。

自覚していようといまいと、あなたは選ばれた人たちの仲間入りを果たしました。

　努力と忍耐力によって、見えないフリーメイソンの一員となったのです。メンバーにはなんの記章も勲章も付与されないし、秘密の握手の仕方もなければ、奇妙な形の帽子をかぶることもありません。

しかし、この会の仲間はお互いを認め合っています。

私はあなたを認めます。

あなたに敬意を表します。

自分に誇りを持ってください。何億人もの人たちが口にしながらも、ほんの一握りの人しかできないことを成し遂げたのですから。そして、一度できたのなら、またできます。

　もし、次のプロジェクトであなたが失敗しても関係ありません。1000回失敗したって構いません。

> 母と神のみが成すことを達成したのです。
> 新しい命の創造です。

準備万端でなくても、また始めよう

　17年間苦労して、とうとう最初の小説を書き上げたとき、私はカリフォルニア北部の小さな町に住んでいました。友人でありメンターであるポール・リンクの家へ車を走らせ、自分がやり遂げたことを話しました。彼は「おめでとう」と言い、「さあ、次に取りかかりたまえ」と付け足しました。

　今度は私があなたに、それを言う番です。

　1日は休んでください。妻や夫とディナーに行きましょう。シャンパンを開けるのもよいでしょう。自分にスタンディング・オベーションを捧げましょう。

そうしたら、仕事に戻ります。

明日からは新たなプロジェクトに
取りかかりましょう。

愚かでい続け、混沌を信じ、
十分な準備ができていなくても
始めるのです！

謝辞

セス、イシタ、ウィリー、マイケルに、このプロジェクトの頭脳として力を貸してくれたことを感謝します。ショーンとカリーに仲間として共に苦労してくれたことを感謝します。この作品の供給に携わってくれたAmazonに感謝します。

そして、この本の読者に、あなた自身（と私たち）の歩みを進めてくれたことに感謝します。

私たちは今日がもう「明日」だという事実に直面しています。現在私たちは非常に差し迫った事態を目の前にしています。この人生と歴史の謎が解明されつつある中、遅すぎてしまうこともあります。先延ばしはやはり時間を奪います。機会の喪失によって私たちは丸腰で、裸の、落胆した状態で人生に放り出されることになります。人生の潮はいつまでも満潮であるわけではありません。いつかは引いてしまいます。過ぎてゆく時間に止まってくれと叫んだところで、時間はどのような要求にも耳を貸さず流れ続けます。白骨化し雑然と散らばる数え切れない文明の残骸の上には、「遅すぎた」と書かれているのです。

マーティン・ルーサー・キング・Jr
「ベトナムを越えて―沈黙を破るとき」
1967年4月4日 ニューヨーク市での演説より

■著者プロフィール

スティーヴン・プレスフィールド　Steven Pressfield

作家・脚本家。1943年トリニダード・トバゴ生まれ。1965年デューク大学を卒業。米国海兵隊員、コピーライター、教師、トラックドライバー、バーテンダー、油田施設作業員、精神科病院の係員、脚本家といった職業を経験しながら17年をかけた末に作家としてデビュー。著書"The Legend of Bagger Vance"がベストセラーとなり、ロバート・レッドフォード監督、マット・デイモン、ウィル・スミスらの主演で2000年に映画化（『バガー・ヴァンスの伝説』）。その他著作に『やりとげる力』(筑摩書房)、『炎の門──小説テルモピュライの戦い』(文春文庫)、『砂漠の狐を狩れ』(新潮文庫) 他。LA在住。
http://www.stevenpressfield.com/

■訳者プロフィール

栗宇 美帆　Miho Kuriu

学習院大学文学部史学科卒。翻訳家、才能を自由に発揮し自分らしく生きるためのパーソナル・コーチ。訳書に『人生を大きくジャンプさせるワクワクの見つけ方』『「考える」より「感じる」を大切にすることが幸せへの近道』（共にヴォイス刊）がある。
http://ameblo.jp/kuriumiho/

仕事で、個人で、目標を達成(ヒット)するための
カベの超え方　Do The Work

2016年4月12日　初版発行

著　者　スティーヴン・プレスフィールド
訳　者　栗宇美帆
発行者　大森浩司
発行所　株式会社 ヴォイス　出版事業部
　　　　〒106-0031　東京都港区西麻布3-24-17 広瀬ビル
　　　　📠 03-5474-5777（代表）
　　　　📠 03-3408-7473（編集）
　　　　📠 03-5411-1939
　　　　www.voice-inc.co.jp
校　正　森下 瑞樹
印刷・製本 電算印刷株式会社

Original Text © 2011 Steven Pressfield
Japanese Text © 2015 Miho Kuriu
ISBN978-4-89976-451-9
Printed in Japan
禁無断転載・複製

執筆は、スティーヴン・プレスフィールドの
著作を愛読する若手スウェーデン人！

「考える」より「感じる」を
大切にすることが幸せへの近道

北欧発、新世代の"イケメン"
スピリーダーが放つ第2弾。

**ワクワクする人生の秘訣は、
ここにあった！**

[著] = ヘンリ・ユンティラ
[訳] = 栗宇 美帆

本体価格 **1,400円**+税
ISBN978-4-89976-449-6

第1弾も
好評
発売中！

VOICE

ヴォイスグループ情報誌「Innervoice」会員募集中!

1年間無料で最新情報をお届けします!(奇数月発行)

主な内容
- 新刊案内
- ヒーリンググッズの新作案内
- セミナー&ワークショップ開催情報 他

お申し込みは ✉ member@voice-inc.co.jp まで
☎ 03-5474-5777

最新情報はオフィシャルサイトにて随時更新!!
- www.voice-inc.co.jp/ (PC&スマートフォン版)
- www.voice-inc.co.jp/m/ (携帯版)

無料で楽しめるコンテンツ

facebookはこちら
☞ www.facebook.com/voicepublishing/

各種メルマガ購読
☞ www.voice-inc.co.jp/mailmagazine/

グループ各社のご案内

- 株式会社ヴォイス ☎03-5474-5777 (代表)
- 株式会社ヴォイスグッズ ☎03-5411-1930 (ヒーリンググッズの通信販売)
- 株式会社ヴォイスワークショップ ☎03-5772-0511 (セミナー)
- シンクロニシティ・ジャパン株式会社 ☎03-5411-0530 (セミナー)
- 株式会社ヴォイスプロジェクト ☎03-5770-3321 (セミナー)

ご注文専用フリーダイヤル
☎ 0120-0-5777-0

VOICE